AF431930

SERIE POIESIS

Karla Faillace

Camino al Caápi

© Editorial Giraluna R.L, 2018
Primera edición: 2018
Libro Digital
Derechos Reservados

Edición al cuidado de:
Rey D' Linares
reydlinares69@hotmail.com

Imagen de la portada:
Titulo de la obra: Piscis
Dimensiones: 40 cm X 25 cm
Técnica: Oleo sobre tela
Año: 2002
Autora: Karla Faillace (Taly)

Diseño de portada:
Carolina Linares
artesgraficas20042009@gmail.com

Impreso en Venezuela por:
Cooperativa Taller Editorial y Literario "Giraluna"
J-29614384-6
editorialgiraluna2008@gmail.com
Teléfono: (+58) 0212-524.25.33

Depósito Legal: DC2016000203
ISBN: 978-980-7257-19-0

"Y porque amo la sencillez,
y creo en la necesidad de poner el sentimiento
en formas llanas y sinceras".

JOSÉ MARTÍ

"Toma mi mano
acaríciala con cuidado
está recién cortada".

RAÚL GÓMEZ JATTIN

AGONÍA

No te atrevas a dejarme moribunda
arráncame el corazón
atraviesa mis entrañas
devuélveme la vida.

DIMENSIÓN PARALELA

Cavernas
Dioses aztecas
soy la ausencia en el tiempo.

ALIMENTO

Millares de insectos
ejercitan sus mandíbulas
bajo un vestido de transparencias corpóreas.

ESPACIO

Estamos tu y yo
solos en esta tierra
de la mano
aunque parezca que exista
más gente entre nosotros.

OTR@

Espero
que la noche deje de ser su amiga
y no siga entre los muertos
que es el reflejo oscuro de su ausencia.

CAMBIO

Una noche
efímera
seres de luz danzaron con el viento
metalizaron la bahía
mi color.

CAMINANTE

Juega el viento ante su risa.

Cubierta de gestos
violeta muestra ansiedades.

Caen niños sobre lluvias
avanza caminante
aunque tus ojos se queden atrás.

CATARSIS

Reflejo incandescente
Agridulce.

Silencioso de rostros indómitos.

Trae un gen que amenaza las
huellas dibujadas en el rostro.

Es un eterno presente
sin ausencias.

SILENCIO

Repugnantes sombras
acarician engendros.

Manos temerosas contemplan tinieblas
asiladas en la memoria
de alguna mente humana
absorta.

SILUETAS

El sepia de sus ojos
da un aura fantasmal
al paisaje Castillense.

Enhebra hilos de tiempo en sus pupilas
borda siluetas vivientes
con agujas Quijotescas
sobre el cristalino.

CORTES PRECISOS

Cuantas veces
he tenido que ausentarme
bajo la sombra infinita de sus ojos.

Son hojillas recién afiladas
que me desgarran el rostro
con cortes precisos.

Como quien le da vuelta a una llave
y luego hace un giro para cerrarla.

GITANO

Te invito a que no te enamores de la ausencia
pues el corazón está
y a veces no.

Vuela como ave de paso
sin cadenas
sin lugares fijos.

Con el viento en la cara
con el sol en los labios
con el tiempo en la espalda.

Solitariamente gitano
silencioso de caminos abiertos.

HERIDAS LATENTES

Se quebranta la fe
un golpe indiferente me toca un costado.

Recorre el frío
noches destellantes
la espalda en llamas.

Dejo caer sobre el lecho
un sol moribundo.

La suavidad de los cabellos
desliza la espada victoriana
entre las cenizas de un fénix.

Y con su canto de cristal
roza las heridas latentes.

HOMBRE PÁJARO

Halcón vigilante
pósate a mi lado
sobre la alfombra persa.

Admiremos la magia holográfica
que proyecta el árbol
tótem africano inmune a la oscuridad.

Abre tus alas
muéstrame tú pico
siente los dardos de luz
puntos certeros del alma
donde nace el prisma
el mundo se decodifica
se diluye en el mar de la nada.

INTENTO

Anoche
mientras la mujer plateada
murmuraba de los sueños.

Una gota
cómplice del árbol
me salpicó la cara
adivinó burlarme en silencio.

Esta noche
cuando la dama intente susurrar
reiré de todos
me habré ido con el viento
antes que llegue el alba.

LA PUERTA

Cuantos rasguños ha tenido que soportar esa puerta
que los perros huelen
orinan y luego lamen.

Esa puerta sigue unida a sus bisagras
oxidadas o no.

Hasta el viento le propicia ciertos golpes diarios
son portazos que no sacuden sus pesares
como si fuese la mano furiosa de un hombre
decidido a estrellarla contra su marco
sin embargo
él la cuida paciente y comprensivo en sus acostumbradas vidas.

A veces pienso que ese marco es más leal con su puerta
que los hombres con sus cuerpos.

LA QUENA

Suena
majestuosa quena
tras las notas vírgenes del sol.

El guaneño sube la montaña
con su vasija de barro al hombro
colmada de guabina.

Tambores retumban
al paso del cóndor.

Sus ojos azules se estremecen
ante dos puntas blancas.

Lo embarga un sonido de silencio.

Siente el aroma de café tostado
entre la zamba de mi esperanza
de mis andes.

MEMORABLE

Desatado el llanto celestino
las voces de la selva humana cesan
un rayo arcaico fecunda latidos en mis venas.

Esculpe más de tres ecos solitarios
los suspende en el tiempo entre siluetas de madera.

Ausente de respuestas
navego por mares tormentosos
su memoria aparece en mi entre cejo
evoca arlequines.

Dirige mi barca hasta su isla de encanto
donde brillan los astros
el mar toca mis pies
y humedece la ausencia infinita.

MÚSICA

Niño de hielo
cántame
pega tu nariz a mi mejilla
y mírame que traes estrellas en los ojos dulces
como de GATO pardo
lento.

Mimosa caricia de la piel
siempre deja el alma
allí donde el tiempo se detiene
cuando la soledad ausenta los sentidos
abiertos a las sombras
a los encantamientos
de ese rocío
que emana tu universo.

NI DE CRIMINAL
NI DE ARTISTA

"La soledad tiene la única respuesta
acudir a ella es decisión propia"

Aquel hombre que se atreve
evapora los idilios que amenazan los sueños de la raza
inmortaliza las flores con tintes sagrados
¡Es!

No clasifica los árboles
tampoco selecciona los frutos
ni de criminal
ni de artista.

NO SÉ SI LLAMARLO ANDRÓMEDA

Quiero sentarme ante uno de esos mundos
sumergir mi mano en sus océanos
llevarlos hasta la luna
salarme los labios.

Quiero que la lengua
arda con la caricia asesina de sus vientos
sentir la necesidad de internarme en sus bosques
saborear la vida entre sus frutos.

Quiero que sus cielos se abran para mí
ver los peces desbordarse de colores
y bajo el cristal de sus desiertos
ausentarme.

UNA BRECHA

Es un reino atrás de las cascadas
donde el tiempo se desliza
entre aves que buscan la felicidad.

Es *una brecha* que el hombre desconoce
producto de la inocencia que lo excluye
como excusa perfecta del no encuentro de la belleza en los valores.

Confunde la dulzura del néctar
con el exuberante colorido de las formas
su amargura.

RECUERDOS DEL BIG BANG

Perdida en el infinito
una estrella sueña
entre recuerdos del Big Bang.

Sonríe con los brillos de un océano distante
indómito.

Donde el cielo ve crecer delfines
se adueña de la memoria.

QUIZÁS

Un tenue beso
envolvió el mediterráneo
mi persiana.

Quizás
asaltó a Frank Sinatra
"On the sunny side of the street"

Once horas
tres minutes
su voz hacía la ronda en mi habitación.

NOCHE METAMÓRFICA

Una ninfa
ejercita su dermoesqueleto.

Durante una noche metamórfica
aferra a la hoja su vestido.

Sus alas efímeras
equilibran movimientos traslúcidos.

Imperio de mandíbulas filosas
bestialmente bellas
libelulescas.

ROCAS INMERSAS

Una gota
trapecista entre pestañas
besó la seda de sus labios
se filtró en su isla marfil.

Ahora
esculpe con su humedad
rocas inmersas
que jamás
se disolverán en ella.

SEÑALES DE VIDA

Camina entre nosotros
va de lado a lado de la calle
de la mano
prendida de la lengua.

Pocas veces se suelta
cae descubierta ante la gente
ante sus ojos cansados
deseosos de algo nuevo.

Que no siempre sea lo mismo
que el aliento de su boca no lleve ese aroma de miedo contenido
que lleve a cambio un suave murmullo de sinceras palabras
señales de vida.

SÍ

El corazón sigue de viaje
por ese cielo que siempre
muestra la misma luna.

Confío en que mire directo a los ojos
cuando lo encuentre
que navegue sobre el mar
de ilusiones tardías
hasta que nazca el sol.

Solo quiero un poco de sueño
que refresque la irrealidad
de este cuerpo cansado de incoherencias.

El llanto enloda las flores caídas
oscurece el silencio
y reconoce el odio como abandono del alma.

Sujeto la vida de un recuerdo.

CALMA TEMIDA

Que extraño es este mundo de naufragios
donde el mar baña mi cuerpo
y con la tarde lo rescata.

Cada vez que ese velero atraviesa las olas
forma tormentas en el vaso de la mesita de noche
junto a la cama
sigue siento una pesadilla
pedirle a los astros que develen el futuro.

Tanta calma es temida por mis sueños
tal vez en la mañana
deba despojarme del recuerdo
con la esperanza de equivocarme con la luna
sé que el tiempo está siendo consumido
por el fuego de nuestros soles
que mueren pasados los días
que hoy nacen sobre el mar
y encallan junto al velero de las tranquilas angustias.

llegada la noche avanzo entre la vida y el sueño
y sigo contigo
aunque anochezca tarde
aunque anochezca temprano.

EL ÁRBOL HUMANO

No le veo las raíces al hombre
¿A que hora dejó de ser un árbol?
recuerdo que su boca estaba en los pies
por eso se aferraba a la tierra.

¿Cómo crecerán sus frutos
si ha cortado la fuente que lo alimentaba?
aquellas ramas elevadas
soñaban con los brazos de la vía láctea
ahora permanecen flexionadas
débiles.

Se les ha desprendido la corteza
solo llevan líneas dibujadas en las manos
con las que desarraigan sus corazones.

Siembran minas a su paso
para no sentir el frío
de las lágrimas que emana el suelo
su propia voz adolorida.

Es la negación de ser uno con la naturaleza
un árbol humanizado
aunque la conciencia llega tarde
después de una transgresión mental.

II

Ayer
el hombre era un árbol
hoy el hombre es el fruto de ese árbol
es un fruto acariciado por el viento
un fruto golpeado por manos inseguras
que al soltarlo
tiñe de colores las sombras
revela con crudeza sus idas
sus vueltas.

Como las flores
cuando crecen entre túneles
paredes agrietadas
troncos agujereados.

Llenas de valentía
ellas viven en la muerte
aunque algunos frutos-hombres
estén muertos en vida
la vida no sabe
que existe la muerte.

UNA TARDE DE ESTAS

Una tarde de estas
las manos de cierta mujer
se deslizarán bajo un par de hombros
ella tocará su pelo por la espalda
mientras el dirija su mirada turbia hacia la bóveda celeste
y brille como el prisma de un sol de media noche
entre las arenas rojizas a la orilla de un océano de fuerte oleaje
llegado el momento
ella tendrá que ocultar la luz que se refleja en su piel
con una montaña poblada de árboles
luego
deberá prenderle fuego a sus ramas
para que no le sea posible pensar en su regreso
entonces al amanecer
imagine que en la cumbre
un algodón de caramelo la espera
con deseos de endulzar su boca
y se le antoje probar los colores con sus trazos
que le recordarán el paso del tiempo
su niñez
cuando le entregue la vida en sus manos
las mismas manos que una tarde de estas
se deslizarán bajo un par de hombros.

VIVE SIN MENTE

Esa voz deletrea un nombre
a paso de nube lo expande por el cuerpo
como mármol líquido de caudales encontrados en las venas.

Envuelve con su luz
la sombra que habita en las entrañas
adquirida a través de la piel.

Entonces reconoce aquel acento
desgarra la tela que ata la lengua a la palabra
libera al ser de la materia
vive sin mente.

VUELVE MI ROBLE ENAMORADO

Vuelve
que mi amor
está cansado de tu ausencia.

Vuelve
que mi voz
está muriendo entre tu nombre.

Vuelve
que mi sangre
esta manchando tu recuerdo.

Vuelve
MI ROBLE ENAMORADO.

Cobija mi cuerpo con tus ramas
embriaga con tu sabia mis deseos
llévame contigo hasta tu muerte.

SOY ESE JAGUAR

Soy ese jaguar
que mantiene los ojos con vida sin que le importen las sombras.

Soy una leyenda del sur
que trae en el pelo humedales amazónicos.

Enredaderas me cuelgan del cuerpo
las llevo a rastras
se deshojan y cubren de esencias el trópico.

Así es como los árboles recogen historias en su corteza
yo llevo esas historias guardadas en el vientre.

Dime
¿Cómo reposo tranquilo
en los peligros de un bosque espeso
en las manos del hombre?

EL CINARO

Con un sueño entre la sabia
recorre con embrujo las ramas
hasta la cúpula tierna
de permanencia magistral.

Esto lo noté
cuando mi mano acarició su piel
y me dejó sensaciones mágicas
que aún percibo.

Igual que aquella mañana
de notas melancólicas
aferradas a su nombre.

CONTEMPLACIÓN

Nace la niebla entre rocas
el búho crece con la alondra
sobre eucaliptos y un águila embarga el cielo de alas caprichosas.

ARREBOLES

Almas sobre la mía
soles intensos bajo los pies.

Así es la vida,
un prisma de ilusiones.

DANZA

Un pavo real y su amante
miraban por una red.

Sendas
luz
filarmónicas.

Jaulas de papel.

NIEBLA

Son almas angélicas
de encanto indomable.

Afluente del cielo
de noches silenciosas.

AUSENTES

En la espesura de la niebla
se escribe al viento
abandonados sobre esta tierra andariega.

Es como un cuento que fascina a los hombres
sus vueltas circulares consumen la vida
se juega a la muerte.

Se callan los niños
se callan los dementes
y habla quien no tiene que hablar.

¿Seguiremos ausentes?

AL UNÍSONO

Aquel violín
embriagado de selva virgen
hoy entrega su magia al hombre.

Notas azules brotan al unísono
ante luces sublimes de tambores secos.

Son cantos que truenan
cuales verdes rocas
como amantes bajo el agua
de cabellos sueltos vibran
entre la brisa nocturna
dantesca.

Seiscientas sesenta y seis almas
de aves paradisíacas
místicas.

Rebotan bajo el eco solitario de la luna
toda ella inmensamente fría.

NO VENGO A DECIRTE
QUE EL HOMBRE ES SOL
Y LA MUJER LUNA...

Todo lo contrario siento
y quiere esta voz muda esconderse
tras letras abiertas
entrelazadas con sílabas libres provenientes de astros
creados por poetas.

Aunque el reflejo de estos astros seamos los vivos
entre los muertos
en esta tierra
llenos de terciopelo
mezclados con dolores y risas inventadas
divididos entre mascaras y tronos cubiertos con sedas
que en el fondo llevan solo débiles palos forrados por manos
llenas de himnos
amores incansables y expuestas heridas
soñadoras de verdes montañas.

He visto incandescentes luchas sumidas en sus pechos
Fuertes.
Como barreras contenidas con lágrimas
que han aprendido ha jugar con las ganadas batallas
marcadas en sus frentes.

Al ser descubiertos los velos de todo y nada
con su experiencia se convierten en piedras bañadas por lluvias
donde precipitadas águilas posan sus patas desnudas
con uñas filudas desgarrantes del musgo saliente
de sus duales almas hoy Persisten esclavas del amor y del olvido.

- AGONÍA / 7
- DIMENSIÓN PARALELA / 8
- ALIMENTO / 9
- ESPACIO / 10
- OTR@ / 11
- CAMBIO / 12
- CAMINANTE / 13
- CATARSIS / 14
- SILENCIO / 15
- SILUETAS / 16
- CORTES PRECISOS / 17
- GITANO / 18
- HERIDAS LATENTES / 19
- HOMBRE PÁJARO / 20
- INTENTO / 21
- LA PUERTA / 22
- LA QUENA / 23
- MEMORABLE / 24
- MÚSICA / 25
- NI DE CRIMINAL - NI DE ARTISTA / 26
- NO SÉ SI LLAMARLO ANDRÓMEDA / 27
- UNA BRECHA / 28
- RECUERDOS DEL BIG BANG / 29

- QUIZÁS / 30
- NOCHE METAMÓRFICA / 31
- ROCAS INMERSAS / 32
- SEÑALES DE VIDA / 33
- SÍ / 34
- CALMA TEMIDA / 35
- EL ÁRBOL HUMANO / 36
- II / 37
- UNA TARDE DE ESTAS / 38
- VIVE SIN MENTE / 39
- VUELVE MI ROBLE ENAMORADO / 40
- SOY ESE JAGUAR / 41
- EL CINARO / 42
- CONTEMPLACIÓN / 43
- ARREBOLES / 44
- DANZA / 45
- NIEBLA / 46
- AUSENTES / 47
- AL UNÍSONO / 48
- NO VENGO A DECIRTE QUE EL HOMBRE ES SOL Y LA MUJER LUNA… / 49